AF224604

THIERS

ET

L'ARCHEVÊQUE GUIBERT

par

Victor LE FEBVRE

Prix : 50 Centimes

<table>
<tr><td>PARIS</td><td>TOURS</td></tr>
<tr><td>G. FISCHBACHER</td><td>J. GRASSIEN</td></tr>
<tr><td>Éditeur</td><td>Libraire-Éditeur</td></tr>
<tr><td>Rue de Seine, 33</td><td>Rue de la Harpe, 1</td></tr>
</table>

57 1879

THIERS

ET

L'ARCHEVÊQUE GUIBERT

par

Victor LE FEBVRE

Prix : 50 Centimes

PARIS
G. FISCHBACHER
Éditeur
Rue de Seine, 33

TOURS
J. GRASSIEN
Libraire-Éditeur
Rue de la Harpe, 1

1879

Lb⁵⁷

TOUS DROITS RÉSERVÉS

THIERS

ET

L'ARCHEVÊQUE GUIBERT

Voici le récit de cette première entrevue de Thiers et de M. Guibert, actuellement archevêque de Paris, entrevue dont nous avons parlé et que vous jugez digne d'être rappelée.

Depuis lors, en effet, Thiers, arrivé aux plus hautes proportions d'homme politique, a trouvé la fortune de mourir dans l'épanouissement absolu de sa gloire. — A sa fin, il eut ce bonheur unique de se trouver assez éloigné du pouvoir, qu'il avait résigné, pour se sentir à l'abri des attaques, et, néanmoins, de s'en voir assez rapproché par les vœux d'un grand nombre pour que son éloignement, qu'on se plaisait à croire momentané, ait aiguisé tous les regrets.

Les délirantes insanités du 16 mai ont rangé sur le passage du cercueil de Thiers un million d'acclamateurs dont la moitié, pour le moins, atteinte par des blessures toujours saignantes, se fût éloignée de pompes officielles.

Thiers, au plein exercice de sa finesse opportuniste, choisissant son heure, ne l'eût jamais mieux trouvée.

D'autre côté, la figure de M. Guibert fit, autour de ce cercueil, une saillie singulière.

L'an dernier, au cours du succès du 16 mai, M. Guibert refusa l'entrée de la Madeleine aux amateurs Thiéristes des cérémonies accoutumées et de bon ton ; cette année (1) l'évanouissement du 16 mai, à l'occasion du seul souvenir de ces funérailles passées, permit au même M. Guibert d'étaler complaisamment Notre-Dame sous des enguirlandements inénarrables.

L'archevêque lui-même devait officier, en premier sujet de ce théâtre renommé. Au dernier moment un lien secret qui, prétend-on, tenait par l'autre bout au 16 mai, retint M. Guibert dans la coulisse.

Certains avaient rêvé pour l'archevêque un rôle plus retentissant encore : leurs oreilles complaisamment attentives, percevant, sous les voûtes sonores de la cathédrale, de lointains mais glorieux échos, aspiraient à quelqu'oraison funèbre : — La France abattue, la France relevée ; l'homme du travail, grandi par le travail ; l'ère nouvelle et le génie de l'ère nouvelle. — Quels plans grandioses ! — Sujets inspirateurs à créer un Bossuet.

Le Bossuet espéré demeura muet.

Pourquoi ? — Mon récit lèverait-il un coin de ce voile ?

*
* *

Assurément si cette foule-million que nous contemplions tout à l'heure, faisant cortége au mort et le grand

(1) 1878.

éclat des funérailles, si cette foule se retournait vers l'archevêque et ses œuvres, si elle consentait à juger froidement, elle déshabillerait ces grandeurs. — La Madeleine, Notre-Dame! que lui importe? — Tentures en velours, lames d'argent, luminaires, faux-bourdon, crépines et galons! — Misères, clinquants, fascination des naïfs. — Plus grand, surtout plus sincère que ceux qui vous exhibent, Mangin mit un casque d'or, et, publiquement, osa dire pourquoi.

Cette foule, franchement, la même que celle de Ledru, que celle de Raspail, la même que celle de Michelet hier, la même que celle de Hugo demain; de l'archevêque et de son eau bénite se soucie comme elle se soucie des Pleureuses de Cléopâtre ou d'Antoine; comme, au fond, s'en souciait cet enfant de Voltaire, cet enfant du siècle que, couché à contre-sens dans ces variétés, on enterrait sous le nom de Thiers.

Ce dont se soucie la foule c'est de l'utilité de l'homme; utilité envisagée au point de vue d'elle-même, au point de vue de tous.

L'utilité de Thiers, laquelle fit sa force.

L'utilité de M. Guibert. — Utilité très-indépendante de ses titres d'Évêque, Cardinal, Primat, Eminence ou Monseigneur; qualifications peut-être un peu dodues pour l'époque : utilité révélée par les œuvres du personnage, estimée selon la mesure de son caractère, sa valeur, son détachement, ses moyens d'élévation, droits ou détournés, son attitude franche ou louvoyante

Opération du jugement des masses qui, d'elle même, souffle l'expansion de la reconnaissance ou bien commande l'oubli ou le dégoût.

*
* *

Je ne perds pas de vue, monsieur, les exigeances que vous impose l'exacte correction de votre ligue. Il demeure donc entendu que la hardiesse de mes formes m'appartient exclusivement; elle m'engage seul.

Par hasard j'ai été témoin. Je témoigne, voilà tout.

Ce qui seulement importe c'est la sincérité du témoignage.

De cette sincérité j'ai deux manières de preuves à administrer.

La première, un peu banale, je l'avoue : — Jusqu'à preuve contraire il n'y a pas de raison pour suspecter. — J'attends la preuve contraire, je ne la crains pas.

La seconde s'éloigne davantage du lieu commun. Il s'agit d'articulations précises. Le témoignage du hardi qui s'avance exige, au préalable, une note d'éclaircissement sur le témoin.

Les faits que je vais rapporter trouvent M. Guibert archevêque de Tours : M. Guibert a donc été mon archevêque ; mais sans attache bien caractérisée.

Durant tout le temps de son exercice en Touraine, j'eus occasion de penser à lui trois fois seulement, et cela, sûrement, sans réciprocité.

Une première fois, un pauvre trépassé de mon voisinage fut repoussé du curé. J'adressai une supplique à monseigneur pour que monseigneur daignât donner l'ordre d'enterrer le mort décemment. Monseigneur ne répondit pas. Je fus obligé d'enterrer moi-même. Il en naquit la petite brochure *Le Suicidé*, à laquelle monseigneur ne peut refuser l'urbanité des tons dans la polémique.

Une seconde fois, je rencontrai l'archevêque dans la rue, en habit doré et sous un dais. Il menait une procession. Monseigneur ne put se plaindre : j'étais en habit simple et sensé, je vaquais tranquillement à mes affaires et c'est lui qui vint me barrer le chemin. Je notai mes impressions dans quelques feuillets intitulés *Processions*, d'où furent soigneusement bannies toutes velléités agressives.

La troisième fois, enfin, fut celle que je vais dire ici, à la vérité, en un salon de l'Archevêché, mais non de l'archevêque, et dans des conditions telles que vous jugez, monsieur, qu'elles méritent d'être racontées.

En ce qui touche Thiers, bien au contraire, la proposition est retournée : je n'aimais pas Thiers. Ma jeunesse l'avait vu *ondoyant et divers* selon le mot d'un sage ; je ne pouvais revenir de cette première impression. J'admirais la pénétration de son esprit et je la déplorais, tant je l'estimais périlleuse. — Après la Commune, que j'envisageai peut-être mal, l'envisageant de trop loin, l'énergie de Thiers, que tant ont admirée, me parut implacable. A ce moment, poussé à Lyon dans un milieu généreux et ardent, je parlai d'abord, j'écrivis ensuite le petit livre intitulé : l'*Extermination*. C'était une plaidoirie pour les vaincus

J'y faisais appel à la pitié de Thiers : Thiers fut sans pitié pour l'auteur. On a dit du livre qu'il fut un acte de courage ; j'expérimentai que, vu l'époque, il constituait une requête peu prudente. A raison de ce livre, après une instruction de plus de huit mois, le gouvernement de Thiers me traduisit en cour d'assises, à Lyon, en plein hiver, vieux déjà, à quatre-vingts lieues de chez moi. — Je ne me repents pas, je fus acquitté, j'eus une grande journée ; mais ce ne fut la faute ni du procureur, ni du président, ni de Thiers. Je remercie Lyon, non sa Cour ni l'inspirateur de cette Cour.

A ce point, j'en appelle à votre discernement ; si je subissais une influence, elle serait contre Thiers, non contre l'archevêque.

Je n'en subis aucune. Les cheveux blancs m'ont calmé.

J'en puis donner cette autre preuve : — Les excentricités du 16 mai appelèrent, ici, à ma porte, il y a un an, au profit de la candidature officielle, dont j'eus ¡ant à souffrir dans mon rayon, la visite personnelle du président de la République d'alors. Ce furent noces de Gamache dans le château du candidat. Il me fallut bien manifester comme les autres. Au bout de mon avenue, sur l'un des passages de la noce, je construisis mon arc de triomphe, il était en étoffe noire avec ces mots en lettres blanches : — *En deuil de M. Thiers.* — Je fus le seul de cette couleur. Thiers m'en pardonnerait l'acquittement du Jury.

*
* *

Mon récit est donc sincère.

Placez-le fin septembre ou commencement d'octobre 1870, la date précise n'y fait rien ; entre l'époque où M. Crémieux omnipotent, flanqué peu après de MM. Fourichon et Glais-Bizoin ses servants, s'établissait à l'Archevêché de Tours ; et cette autre époque où M. Gambetta, de son ballon, tombait sur les épaules des premiers, et, plus omnipotent encore, défaisait tout ce qui avait été fait ou préparé par eux, et notamment les élections républicaines assurées.

A cette même époque Thiers, comme on sait, parcourait l'Europe de Florence à Saint-Pétersbourg, interrogeant, non les peuples, ils n'avaient pas d'organes, mais les cours et leurs essaims de souverains, afin de sonder si, dans ces cœurs gonflés de majesté, il n'y aurait pas quelques tendresses pour ce pauvre peuple Français, mené dix-huit ans à fond de train par un Bonaparte imbécile, — plus féroce qu'imbécile, — et, au bout de cette course insensée, tombé dans la chausse-trape à Bismarck, afin d'interroger, au moins, si, dans quelque coin de ces hauteurs, ne séjournait pas encore un petit reste de pitié pour une nation généreuse tombée à terre.

Assurément, la démarche était méritoire, la tentative annoblissante ; les crédulités communes devaient s'y prendre et s'y sont prises. Cette France, au cœur sur la main, qui procède par élans, en demeura attendrie, et cet attendrissement achemina Thiers à son *summum* d'élévation. Mais celui qui, parmi les calculateurs clairvoyants, et le premier d'entre eux, ne

se prit pas à ces dehors fut cet esprit net, précis, scep-
tique et désabusé qui habitait la cervelle de Thiers

Et d'abord, frapper au cœur des cours c'était heurter
la porte d'une maison inhabitée. Mais, spécialement,
interroger ce cœur de souverains au profit de ce
peuple franc dont tous les essais, depuis un siècle,
avaient porté des coups droits, souvent terribles, en
pleines poitrines souveraines, c'était demander l'amour
à la haine, à la haine saignante et implacable.

Thiers eut été le dernier à méconnaître cette
vérité.

La Suisse, la Belgique nous eussent compris, il y
avait là des cœurs de peuples, mais peuples trop
faibles. La Pologne nous eût compris, nous l'avions
laissée mourir. Les États-Unis auraient pu nous en-
tendre s'ils n'avaient été trop loin. L'Angleterre eût
été digne de nous comprendre, mais les efforts de ses
hommes d'État depuis Pitt se sont évertués unique-
ment à creuser son cœur en forme de sac et à serrer
les cordons.

Mais monter aux palais de Vienne ou de Saint-
Pétersbourg, autant essayer d'escalader celui de Berlin
et de prendre par les sentiments, à notre bénéfice, la
reine Augusta, que nos défaites créaient impératrice,
que notre humiliation comblait de bonheur.

Thiers ne s'y trompa point; aussi je le soupçonne
d'avoir, en cette circonstance, abandonné la lyre aux
vagues harmonies de l'amoureux sans espoir. Il joua
de l'unique corde intérêt. Le jeu de cette corde sèche
était, au reste, préféré par l'intelligence plus limpide

que poétique de Thiers, et nul mieux que Thiers n'en connaissait les ressources.

Mais, à ce moment, l'intérêt se mesurait à la sonorité du canon. L'intérêt de chacune de ces puissances couronnées était de se ranger derrière le plus fort, surtout quand le vaincu était ce peuple dangereux, si souvent redoutable, et, en toutes rencontres, opposé aux couronnes; vraiment l'ennemi.—Enfin, on le tenait!

Thiers revenait terrifié d'insuccès; abattu, consterné, pâle, défait; matériellement fatigué d'ailleurs. C'était le matin, il avait passé sa nuit en chemin de fer, il était bien vieux déjà, et ses efforts corporels, pour n'être point au-dessus de son courage, avaient surmené une constitution bien trempée sans doute, mais naturellement frêle et débilitée par un très-long exercice.

Aussi la mise en scène, ici, devient étrange et vraiment dramatique; elle tenterait un impressario. — Essayons une esquisse du tableau.

*
* *

Les bataillons bruyants, un peu désordonnés, enceignent Tours; leurs feux de bivouac sont funèbres et la fumée des camps prend à la gorge. Par les rues un va-et-vient de ferrailles, guerrières sans doute, mais très-affairées, serre le cœur. Ce va-et-vient incessant sent l'alarme, les préoccupations embarrassées, le repliement excessif, presque la peur. L'atmosphère est lourde, la poitrine s'efforce et respire mal. On a besoin du matin pour trouver la brise plus fraîche, l'air plus libre, et un peu plus de vide dans et autour de ces deux inévitables cafés du milieu de la rue Royale qui, tout le long du jour, jusque par-delà les limites de la nuit, sont scandaleusement gorgés d'officiers de toutes armes et de tous grades, et qui constituent les uniques salles de conseils militaires où se trémousse, entre les bocks, une défense qui semble prendre les allures, la consistance et le chemin des spirales hébétantes des fumées de tabac.

Il est sept heures du matin. Parmi ce bruit attristant qui commence en cette matinée rafraîchie de l'automne, un petit homme, haut au plus de quatre pieds et demi, marche assez hâtivement vers l'Archevêché. Il est seul. Chez le portier il demande M. Crémieux. Il traverse une grande cour solitaire et monte l'escalier intérieur qui conduit au premier étage du bâtiment principal dont les fenêtres donnent sur le jardin.

Au haut de l'escalier se trouve un homme avec tablier blanc, gilet rouge et long balai. Il a une brosse au pied et frotte le parquet.

— « M. Crémieux ! » demande le petit homme avec une voix d'enfant.

— « Je crois que c'est tout au fond. — Voyez. »

Le petit homme enjambe le plumeau, des débris de paperasses et le circuit d'ordures ondulé qu'avait, en travers de la porte, fort symétriquement rangé le balai. Il marche vers le fond indiqué. Il paraît un peu hésitant, tâtonnant. On dirait que son pied sonde, craintif de quelque surprise du plancher.

Les fenêtres sont ouvertes.

*
* *

A cette heure matinale, celui qui raconte se trouvait monter derrière le petit homme. Pour éviter les périphrases, il désignera ce témoin du hasard par le pronom abréviatif *je*.

Je voyais donc, par les grandes fenêtres ouvertes, les branches d'un vieux cèdre, et, plus au fond, les branches d'un massif de grands arbres se balançant mollement, sans apparence d'autres soucis que ceux des caresses accoutumées de la brise. Pourtant, au fond, les feuilles des arbres jaunissaient un peu et semblaient tristes ; tristesse ambiante, reflet peut-être des dispositions d'esprit de la galerie.

Le petit homme, arrivé devant une de ces fenêtres, s'arrêta, il se découvrit, passa la main dans ses cheveux blancs, ôta ses lunettes et resta machinalement occupé à les essuyer du mouchoir. Un long et large habit noir, sans éclat, très-poudreux même, l'enveloppait du cou jusqu'aux chevilles et projetait une silhouette noire, sans somptuosité, dans ce cadre lumineux et démesuré de la grande fenêtre.

La tête seule, blanche, aux cheveux complets et demi-ras, un peu inclinée, dans sa pâleur, comme sous le poids de pensées multiples, accusait une physionomie. Le cireur de l'escalier n'avait rien deviné sous le chapeau. Désobstrué du chapeau, le témoin de cette scène pressentit.

Les yeux du petit homme erraient circulairement, demandant compte de leur insouciance aux branches du jardin. La tête, décrivant son cercle, m'arriva de profil :

Je reconnus Thiers.

Continuant son examen circulaire, Thiers se tourna tout à fait, fixa, les interrogeant, une série de sentences bibliques disposées en longue liste sur les murailles de la salle, puis, au fond, une manière de petit autel très-singulier entouré de croix, de crosses et surmonté du buste de Pie IX.

Le regard tourna de l'autre côté vers la chambre voisine garnie de portraits d'archevêques, puis terminant son évolution complète, elle s'arrêta de nouveau sur le boulingrin du jardin, au centre duquel elle fixa une grande statue de femme blanche.—C'était une Vierge.

Jusque là, demeuré impassible, Thiers n'avait discontinué de caresser automatiquement de son mouchoir les verres de ses lunettes.

A ce point, il fixa plus attentivement le gros point blanc qui figurait une Vierge. — La Vierge lui tendait les deux bras.

Distingua-t-il? Au contraire, privé du secours de ses lunettes, se trompa-t-il? Quelque fugace retour vers un souvenir non fruste encore s'entrouvrit-il? Ne fut-ce, au contraire, qu'un éclair d'imagination exercée? — Qu'elle qu'ait été la cause, la figure de Thiers, jusque-là uniformément ombrée par un calme songeur, se ranima tout à coup sous un souffle de vie, et reprit, en un instant, son expression sarcastique des jours éclairés. Les deux coins de sa bouche se fendirent, son nez, allongé par-dessus les lèvres, tendit vers le menton, l'œil lança un jet de feu; l'homme triste souriait.

Le ton jaunissant des grands arbres se fondait sans doute sur les objets d'alentour, car ce sourire en prit la teinte; c'était un sourire d'automne. Mais le sourire persista. Thiers, fixant toujours le même point, pensait de même et souriait toujours.

Il y eut contagion, je souris moi-même. Le visage de l'homme n'a sans doute pas tant de manières de traduire les sentiments internes qu'il y ait si considérable multiplicité d'attitudes. Nous rendions, par même jeu de physionomie, des appréciations sûrement différentes.

La très-précieuse et très-illustre appréciation du personnage que j'observais m'est restée cachée; aujourd'hui tout donne à croire qu'elle demeurera impénétrée à jamais. — Au contraire, tant il est vrai que, souvent, faute de ce qu'on voudrait il se faut contenter de ce qui n'importait pas, voici mon appréciation dans son humilité :

L'Archevêché et sa porte ouverte; en travers, un simple balai et ses produits, barrages impuissants; d'un côté des portraits bénis en camails violet; de l'autre, des sentences latines à vieux parfums; derrière, croix, crosses et Pie IX en plâtre; devant et en plâtre, la Vierge; tout au fond, Crémieux sous le rideau; — et, au milieu, encadré dans sa fenêtre illuminée des clartés du matin, le grand habit défraîchi du petit Thiers, ses lunettes mémorables au bout des manches, et, au-dessus, étincelante de finesse, cette tête qui si longtemps avait défrayé les Cham et les Gil, mais blanchie, ultra-expérimentée, rompue aux situations diverses, et, à cet instant, dans son expression fameuse de suprême raillerie ; — raillerie mélancolique d'ailleurs, car, par delà, sonnait sur le pavé l'inextinguible piétinement des foules et la ferraille des armées.

Le dernier venu du vulgaire, l'homme au balai, s'il eut pu lire cette page d'histoire, aurait été frappé comme je l'étais moi-même.

C'était triste, mais drôle. L'impression était bizarre ; l'impression commune, celle que je ressentais.

L'impression de Thiers, celle qui le déridait, était, peut-être, plus étonnante, sûrement elle était plus notable ; mais je ne la pouvais discerner.

Décidé, au contraire, à la respecter de mon mieux, je m'appliquai à passer sans bruit derrière celui qu'elle occupait.

Elle l'occupait, sans doute, sans l'absorber, car au seul frôlement, presque imperceptible, des souliers, Thiers se retourna d'un seul bloc et marcha derrière, comme sur la trace d'un guide, dans le salon suivant.

Ainsi que l'était Thiers, le lecteur se trouve un peu égaré au milieu de ce mélange discordant du profane et du sacré : c'est le moment de lui tendre la clef de ces salons ouverts.

✱ ✱
✱

L'installation du gouvernement de Tours mériterait un chapitre spécial qu'il ne m'est pas loisible d'entamer dans ce récit restreint.

Sauf le vice-amiral Fourichon qui, dans l'hôtel du maréchalat, se barricadait derrière les pompons militaires, faisant telle mine à l'élément civil que ce dernier demanda divorce et l'obtint, les deux autres membres civils du triumvirat tenaient maison très-accessible, ce qui faisait dire d'eux : — les ministres aux *chambres* républicaines.

Glais-Bizoin, installé au Lycée, dans une chambrette de maître d'étude, s'allumait lui-même nn feu d'étudiant avec une pomme de pin; ce faisant il donnait ses audiences en mâchonnant un rudiment de cigare à travers lequel passait, assez indistinctement, des flots de facéties, très-spirituelles d'ailleurs, dont le dénouement invariable était ce conseil : « Allons trouver Crémieux. » — Et, à travers les rues, sautillant, badinant, se gaussant, il vous conduisait lui-même.

Crémieux, l'homme important, le centre de la délégation, et, jusqu'à l'arrivée de Gambétta, le pivot du gouvernement de Tours ; Crémieux, aimable, artistique, charmant en tout et à tous, avait voulu jouer du tolérantisme en dilettante. Juif d'origine, voltairien de raison, ni l'un ni l'autre ou tous les deux à la fois selon qu'il le fallait, Crémieux avait trouvé plaisant de s'établir à l'aise dans les appartements de l'archevêque. La théorie appliquée, l'idée le caressant, il avait renchéri; Madame Crémieux, à ses côtés, avait pris place à l'Archevêché. On trouvait Madame Crémieux dans la plupart des conseils sérieux et quelque peu intimes ; sa tenue déjà faiblissante, mais affable, en était la douceur. Un jeune secrétaire et son ménage augmentaient la famille.

L'archevêque, le même remarquez, qui se dresse aujourd'hui si intolérant, si réfractaire aux mécréants, alors se tenait aux petits soins près de ces vieux ou jeunes couples descendant des Pharisiens. — On se prêtait le linge, on n'avait qu'une table. Monseigneur, flanqué de ses vicaires, multipliait les grâces et passait aux dames les morceaux délicats. Morceaux, du reste, achetés en commun : un lapin, tant ; tant le brochet. Les livres étaient tenus régulièrement ; à chaque fin de semaine on se répartissait la dépense. Jamais un mot d'aigreur, même aux Vigiles. Après le souper et les bonsoirs de cœur on s'allait coucher, chacun de son côté, et si, par mallechance, quelque députation attardée, trop nombreuse ou trop bruyante, comme celle du Cirque mi-septembre, venait à la porte de son palais troubler le repos toujours tremblant de l'archevêque, c'était à la chambre de Crémieux que l'archevêque, au saut du lit, à peine couvert de sa douillette, courait demander protection et apaisement à ses terreurs.

Crémieux accourait, s'interposait et débitait, juché sur un tabouret, un de ces jolis petits discours, enchanteurs de forme, dont il était à la fois amoureux et prodigue ; il y intercalait deux ou trois anecdotes lestement troussées ; il y contait ses souvenirs d'ancien opposant, ses passages aux ministères ; s'appelait monsieur le ministre ; appuyait sur ses soixante-quatorze ans ; côtoyait tout ; avec un art infini ne promettait rien ; renvoyait sa foule enthousiasmée ; rentrait ; recouchait, emmolletonné, l'archevêque qui lui baisait les mains ; il se recouchait lui-même non moins enchanté que la foule, bercé par les naïfs engouements de la porte où se criait encore : « Vive Crémieux ! »

Le matin, dès l'aube, Crémieux, fidèle à ses habitudes de travail, s'installait à son bureau ; c'était son heure recueillie. — Au début, peu furent initiés à ce détail.

A partir de la sortie du déjeuner, les salons que nous parcourons étaient encombrés de solliciteurs. Ce malheureux ministre assiégé, auquel incombait, à peu près, toute la corvée, ne pouvait guère distinguer qu'à l'aide de degrés dans les sollicitations. Le solliciteur du premier degré était le solliciteur direct ; solliciteur du second degré signifiait solliciteur pour autrui.

Ces derniers généralement étaient gens posés et influents. Crémieux, dont le parti pris d'affabilité atteignait souvent les plus extrêmes limites, invariablement renvoyait ces derniers contents.

Il n'était pas rare de voir se rencontrer, au petit square après la porte, deux solliciteurs du second degré, solliciteurs d'opinions opposées, partant deux ennemis. — Nez à nez, ils se serraient la main, et ce colloque tout chaud s'établissait entre eux :

L'un. — « Cher, Crémieux a été charmant. J'ai tout ce que je voulais. En partant il m'a pressé les mains avec effusion. »

L'autre. — « Très-cher, Crémieux a été au-devant de mes désirs. Il m'a offert, lui-même, ce que je demandais à peine. En me quittant il m'a embrassé. »

L'un et l'autre. — « Et que demandiez-vous? »

L'un et l'autre. — « La sous-préfecture de...... »

Ensemble. — « La même ! ! »

Suivait, — retourné contre l'excès d'affabilité ministérielle, — un concert de mots osés à défrayer, à effrayer les halles.

Le genre était débarrassant, mais périlleux.

Le solliciteur direct obtenait fréquemment moins de réussite, surtout quand il abordait, cinquantième, l'omnipotent agacé.

Je ne saurai jamais oublier la mine déconfite, terrifiée de ce lieutenant de la garde nationale de..... dans la circonstance que voici :

Grande tenue immaculée, épaulettes, gants paille, comme pour aborder le beau-père ; salut jusqu'à terre.

Crémieux. — Que voulez-vous? » — C'était le mot inévitable, direct, pressant ; celui d'un homme qu'on n'aborde qu'en quémandant et qui hâte la solution.

Le lieutenant. — « Monsieur le ministre, j'ai l'honneur de... »

Crémieux. — « Que voulez-vous? »

Le lieutenant. — « Je suis avoué à... »

Crémieux. — « Eh ! que voulez-vous? »

Le lieutenant. — « Une place de conseiller à la cour est... »

Crémieux. — « Bien ; parlez donc. Vous voulez être conseiller. Vous êtes avoué. — Ça ne suffit pas. »

Et il passe à une autre.

Le lieutenant, dans le dos du ministre. — « Mais voici sept lettres de recommandation de messieurs...»

Crémieux, par dessus l'épaule. — « On se recommande de son mérite. »

Le pauvre lieutenant en tomba du haut de son grade. Vu sa longueur de nez on aurait juré qu'il regrettait ses gants paille, et, aussi, de n'avoir pas été embrassé comme le précédent impétrant.

Il est vrai que si l'un de ces sept messieurs s'était, lui-même, donné la peine... Mais il ne faut jurer de rien.

Au contraire, sept heures du matin était l'heure placide Les agacements ne s'apercevaient encore qu'à l'horizon nébuleux de l'après-midi. — J'avais dû de me la voir indiquée, sans doute à ma vieille expérience acquise, utile peut être, des choses du pays; mais, surtout, à des relations antérieures et à l'extrême bienveillance du ministre.

De même qu'au matin où nous voici, on entrait toutes portes ouvertes, sans même l'interposition du frotteur. Le vestibule franchi, on passait le salon des portraits d'archevêques, lesquels riaient de nous, peut-être bien, lesquels riaient jaune; mais aussi dont on pouvait rire. Et, sans autre empêchement, on traversait la salle des crosses, très-vaste, très-baroque, très-réjouissante, et qu'on ne pouvait, celle-là, traverser sans rire.

On en traversait d'autres, peut-être bien, mes souvenirs s'effacent. Plus tard, comme j'imaginais un petit travail d'où ces pages sont extraites, un jour de loisirs, passant par là, je demandai à revoir. Vous n'imaginez pas les hauteurs, les raideurs d'archevêques qui n'ont plus besoin. Je fus refusé. Qui sait ? J'aurais peut-être été attendri. Ces messieurs y auraient-ils perdu ? — Dans tous les cas, j'affirme qu'ils n'ont rien gagné à leur rudesse.

On pénétrait, enfin, en un grand salon que garnissaient une table ronde et des albums.

La porte du cabinet où Crémieux travaillait en robe de chambre donnait là. Il suffisait de tourner le bouton.

Par déférence pour le personnage que j'avais fortuitement précédé, je m'abstins et m'assis en un coin.

Thiers suivait. Maintenant je discerne qu'il espérait en un guide et qu'il fut déçu quand je demeurai ; alors ce détail m'échappa.

*
* *

Comme contenance nouvelle, Thiers avisa un dernier portrait et le fixa. C'était celui de l'archevêque d'alors Frais, réussi, artistement flatté. Belle tête, grave, ascétique, — une bonne fée, en lieu si dévot disons son bon ange, à ce chanceux archevêque, préparait fort avantageusement le terrain.

Thiers fit, de la lèvre inférieure, une petite moue de connaisseur qu'il était, avec un hôchement répété de la tête, qu'on pourrait traduire familièrement ainsi : « Eh ! Eh ! » ou : « Tiens, tiens, » ou : « Pas si mal. » Ce qui pouvait vouloir dire : — « Eh mais, cette tête d'archevêque est bien ; bonne pose, bel air sous le chapeau ; — Eh !... en un besoin... »

Je n'avais pas achevé ma traduction qu'un subit effarement souffla de je ne sais quelle trappe dissimulée, et l'original du portrait, essoufflé comme un caporal en retard, se précipita, coupé en deux, donnant de la tête dans la direction de Thiers.

J'en fus essoufflé moi-même. J'eus la vision d'un géant, sec, maigre, osseux, deux fois haut comme Thiers, et lui donnant de la tête dans le creux de l'estomac.

Plus tard, dans le sommeil, rêvant de ce surgissement fantastique, je distinguai que l'archevêque original avait jailli, très-audacieusement, du cadre même de son portrait.

A cette apparition menaçante, Thiers parut réveillé par l'instinct de son infimité. Ses mains croisées derrière son dos se débouclèrent, atteignant une position de demi-parade, et il me parut faire un petit soubresaut à reculons.

Le géant s'était relevé, grandi encore, comme un sabre dans sa gaîne, par une soutane en fourreau. Une montagne surplombant un fétu. La montagne s'affaissa de nouveau. Le fétu fit un nouveau petit saut de recul. Je le crus écrasé. De mon coin en pénombre la lutte était fantasmagorique. Je me levai fébrilement, comme un homme qui perçoit le cri : au secours !

Ce cri ne m'arriva pas ; mais une formidable voix de basse, voix caverneuse et aux efforts sensiblement respectueux et caressants, qui, doucement, avec trémolo onctueux, comme un chantre à l'élévation, ou, encore, comme un tonnerre amoroso, disait :

— « Monsieur Thiers ! »

Monsieur Thiers, se décomposant ainsi : — Mon... sieur...—Mon, avec componction,— sieur, terminaison

son traînante , fortement du nez. — Un énorme souf-
flet qui s'efforce de pousser son vent en forme de
baiser. — « Mon... sieur... »

Le mot Thiers, par un effort de sonorité contenue ,
atteignait au superlatif de l'aplatissement dans le
respect , il arrivait à la fin de la période humiliée ,
s'allongeant , roulant , se glissant en ondulations de
nuages d'encens : « Thi-èè-res. » On sentait les affecta-
tions moelleuses d'une voix rompue aux exercices ex-
tatiques d'adorations perpétuelles : — « Mon-sieur —
Thi-éé-res ! »

Et la grande tête ascétique se relevait, dressée au
haut de sa montagne noire , puis replongeait dans le
val, s'abîmant en humilité profondément convaincue.

« Mon-sieur — Thi-èè-res ! »

Et elle se relevait, et elle retombait.

On finissait par s'y faire. L'ouragan accoutumait.
— L'intention débonnaire de cette apparition formidable était éventée.

Thiers, revenu d'une alerte si chaude , avait rétabli
ses mains au dos. Dans une intermittence des pros-
ternations il leva le front pour regarder très-haut , il
ouvrit les lèvres et j'entendis, en manière d'interroga-
tion excessivement tenue, ce léger cri d'oiseau :
— « Monseigneur de Tours ? »

L'épouvantable exercice recommença, de haut en
bas, de bas en haut, au ciel, en terre : — « Mon-sieur
— Thi-èè-res ! »

Mais l'effroi était passé.

Le moment d'avant, Thiers, quoiqu'imperceptiblement, avait vibré, à portée des paraboles de cette gymnastique émouvante ; il était remis. — A l'instant du tourbillon peut-être avait-il appréhendé le cyclone ; mais à ces platventrements réitérés, sans conteste il s'était retrouvé : il avait reconnu les hommes peu dangereux. — Je vis sa main gauche s'introduire adroitement dans la fente d'une grande poche de son vaste habit: Il en tira son mouchoir et s'essuya les mains. Appréhendait-il le contact ? — Sa tête s'inclina à demi, comme sous un peu de fatigue, son œil devint terne sous les lunettes, il demeura immobile et comme indifférent.

Un second essoufflé accourait, gros, court, le cou dans les épaules, la figure apoplectique. L'archevêque tendit une main vers l'arrivant, furieusement se courba de nouveau et dit :

— « Hen ! hen ! — Mon-sieur Thi-èè-res, — Mon grand vicaire. »

C'était une présentation...

Le grand vicaire se coupa en deux, précisément comme son chef de file, et dit : — « Mon-sieur Thi-èè-res, » exactement avec les mêmes intonations, les mêmes traits, les mêmes trémats, les mêmes trials et la même onctuosité de revers de nappe d'autel.

Thiers, désormais imperturbable, sans sourciller, respirait ces parfums. Son parti semblait pris Il n'ouvrait plus la bouche, il était de marbre.

— « Hen ! hen ! Mon-sieur Thi-èè-res, vous nous faites l'honneur... hen ! hen ! — Vous nous faites l'honneur... Mon-sieur... Thi-èè-res... — hen ! hen ! »

Ici des poses...

— « Hen ! hen !—Vous avez dû bien vous fatiguer...
Mon-sieur Thiers... hen ! hen ! —Mon-sieur Thi-èè-res...
Hen ! hen ! »

Hen ! hen ! — J'essaie à rendre ainsi un petit cri
nasal, à peine articulé, traînant, saccadé, assurément
doux d'intention, qui, dans ma pensée, avait pour
mission d'allonger, par une sorte d'écho, la dose, la
traînée de respect que la bonne volonté de l'archevêque visait mais avait peine à exprimer.

Hen ! hen ! — avec cette signification ultra-super-
lative : — très-excessivement. « — Hen ! hen !... l'honneur que vous nous faites... hen ! hen !... » — comme
on aurait pu dire : « — l'honneur très-exorbitamment
excessif. » — Il y a là des tours d'accent, d'intonation
de larynx, d'inclinaison du torse, de jeux de face, de
poses des membres que le langage ne sait pas rendre.
Il faut voir la pantomime.

Je cherche des points de comparaison. — Hen !
hen !... — Jules Favre a un petit hennissement de ce
genre ; mais ce hennissement est de l'exhorde, il tient
le temps des poses destinées à s'essayer, à faciliter
les ressources d'une période non encore échauffée,
d'ailleurs il présente un côté touchant et intéresse à
l'orateur. — Ce n'est pas ce hennissement-là.

Je ne vois guère de hennissement se rapprochant
que celui qu'avait Ravel, en ses quart d'heure d'en-
train : — « Hen ! hen ! hen ! » — après avoir lancé le
mot. — « Hen ! hen ! hen ! » — Et le faciès de Ravel
marquait, par un rictus, l'acccentuation superlative

qu'il ressentait, qu'il frappait d'un cachet sensible et qu'il faisait ainsi passer, à l'aide d'une sorte d'empreinte matérielle, par les yeux du spectateur — Sous l'effet de ce hennissement fascinateur, le public ne pouvait se défendre ; irrésistiblement il était pris.

De même, le petit hennissement de l'archevêque : — hen ! hen ! — touchait de très-près ce mérite empoignant de Ravel : il en avait la fougue, le brio, et, aussi, le grotesque.

— « Hen ! hen ! — Mon-sieur — Thi-èè-res, si j'osais vous offrir, — hen ! hen ! — Si vous daigniez accepter. — Mon-sieur Thiers, vous êtes vraiment pâle. »

Thiers ne remuait, plus qu'une statue.

— « Hen ! hen ! — De tels voyages, de telles fatigues ! — Mon-sieur Thi-èè-res, hen ! hen ! C'est une grande gloire. »

*
* *

Sur ce mot, il convient de s'arrêter : — parmi le fatras, l'archevêque venait de toucher le point. Si je ne me sentais en terrain si sérieux, j'oserais dire : — Comme fait le joueur maladroit quand, après cent anneaux perdus, il en place un, enfin, sur la quille du lapin gagnant. — L'archevêque venait de gagner le lapin.

Les lèvres mobiles de Thiers accusaient un commencement d'agitation nerveuse. Elles s'entrouvraient faiblement, assez néanmoins pour laisser échapper un nouveau, très-tenu, petit cri d'oiseau :

— « Hé... » je traduisis : — « Oui. »

Évidemment, la main lourde de l'archevêque par hasard venait de heurter le bouton sensible. Au des-

sous jouait le grand ressort *Vanité*; ressort profon-
dément humain qui redresse l'homme dans les épreuves; celui même qui avait préservé Thiers d'écœurements au milieu de la complication de couleuvres qu'il venait d'avaler par l'Europe.

Vanité ambitieuse, excusable, désirable, méritoire, qui permet à l'homme, pensant à lui-même, d'égrener jusqu'au bout le chapelet héroïque, celui des rebuf-
fades; chapelet qui, sans cette incitation légitimement égoïste, dès les premiers grains de la première dizaine, rebuterait.

Thiers, désespérant dans sa mission sans issue, avait été soutenu par cette contre combinaison, de nature à fasciner les masses, et qui les fascina : — la *grande gloire.*

Il y avait une révélation dans ce tremblottement de la lèvre de Thiers, dans ce petit cri qui lui échappa :
— « Hé ! »

A ce son, si léger qu'il semblait tenir de l'esprit, l'archevêque s'épanouit comme à la vibration inespérée de l'idole.

— « Mon-sieur Thiers... hen ! hen !... vous êtes fatigué... hen ! hen !... »

Le ressort de Thiers était lâché. Il scandait sans ouvrir les lèvres chacune des interjections de l'évêque par le même petit son, presqu'indistinct :

— « Hé ! »

— « C'est un bien grand voyage ; — hen ! hen !.. »

— « Hé ! »

— « Bien fatigant... »

— « Hé ! »

— « Accepteriez-vous ? — Hen ! hen ! »

— « Hé !... »

*
* *

Hé ! l'interjection filiforme devenait aigre.

Débordant d'une joie trop intense, l'archevêque avait oublié et dépassé la ligne. — Hé ! hé ! tournait à l'impatience.

L'archevêque allait toujours.

Maintenant la physionomie de Thiers marquait l'ennui de l'obsession.

« Hé ! hé ! hé ! » — on eut dit de petits chocs, — assez bien comme les heurts de sabots d'un poulain de race, agacé.

L'archevêque ne voyait rien. — « Hen ! hen ! — Mon-sieur Thi-èè-res ! »

Thiers se retournait, piétinait, affectait quelques pas de côté.

Depuis, écoutant les derniers projets d'oraison funèbre, et réfléchissant à ces attitudes, je ne pouvais chasser ce raisonnement : — Celui qui rêve l'oraison funèbre de la fin, ne se doute guère des hennissements du début : Hen ! hen !...

Leur effet plaisantin n'échappait pas à Thiers. Le revirement s'opérait. Par méconnaissance de la mesure, l'archevêque, après avoir gagné, allait perdre. Dès lors, pour se relever, il ne lui fallait rien moins qu'un coup providentiel direct.

Ici, j'ose prendre position. Mon rôle se dessine.

Oui bien; en de tels sujets bibliques, c'est dans ces

cas poignants que la *Providence* se fait jour. Au point où nous voilà, l'intervention manifeste de ce fluide inexpliqué éclate.

Mais quelle prodigieuse combinaison revèle ce choix subtil d'un aussi humble, d'un aussi réfractaire agent !

Et quel triomphe à la superbe de ce prélat fameux ! En cette minute solennelle, un fil enlaçait les espérances du haut pasteur si strictement, que les espérances en étranglaient. Or, il plut au ciel de prendre pour instrument la plus récalcitrante, la plus galeuse des oailles du troupeau ; et me voilà chargé, moi ! de couper le fil.

Plus fort ! — Je me vois amené, inconsciamment, jusqu'aux humilités de la confession.

Sans doute : la situation badine que je viens de décrire n'était embarrassante que par en haut. Par en bas, je n'en touchais que le côté divertissant : en ma bonne stale, je n'avais qu'à m'appliquer la gaîté de la comédie. Lorsque, tout-à-coup, par grâces spéciales, je me sentis atteint, ne disons pas de pitié, mais d'un sentiment attendri à l'avantage du personnage embarrassé. — Je me regardai moi-même d'un œil un peu narquois et m'encourageai familièrement ainsi : « — au moins une fois en ta vie sois gentil pour un personnage. »

A ces mots, piqué par l'aiguillon providentiel, auquel, je me plais à le croire, se trouvait attaché, à mon profit, un fort paquet d'hypothèques sur le champ des indulgences, je sautai sur le bouton de la porte du cabinet de Crémieux. — J'ouvris...

Ah! Monseigneur, quelle messe ! — mais quelle messe vous me devez !

Invitus tant que vous voudrez, je venais de faire un cardinal. — Le bonhomme Peretti, fabricant Sixte-Quint, n'en fit peut-être pas tant : Plus de plaisir sans autant de mérite.

Crémieux était à sa table, compulsant des papiers avec son secrétaire particulier. — Entrant à demi, je lui dis :

— « Thiers est là. »

Il me cria : — « Mais entrez donc, que faites-vous là ! »

Je répétai plus fort : — « Thiers est là. »

— « Que n'entrez-vous? — On ne vous entend pas. »

Je m'avançai et répétai plus haut :

— « Thiers est là. »

— « Que ne le disiez-vous tout de suite ! »

Il se précipita, courant à Thiers, sans s'en douter, opérant un sauvetage.

*
* *

Les poignées de main furent cordiales.

— « Comment allez-vous, Crémieux? »

— « Ce brave Thiers ! — pas trop fatigué vraiment. Toujours frais, gaillard. » — Et Crémieux, de sa main, tapota la joue de Thiers.

Thiers laissa faire, mais sans entraînement.

Cette impression s'effaça.

Les deux personnages gagnèrent un canapé et s'assirent. La conversation s'engagea,

L'archevêque était debout. Crémieux lui montra un fauteuil ; il s'assit, écoutant et muet.

Le secrétaire, le grand vicaire et moi demeurâmes au second plan.

Je pris mon chapeau et m'esquivai.

*
* *

Mais l'heure du déjeuner arriva.

Si Thiers eut une cour, ce ne fut jamais une cour d'archevêques. A heure dite, il lui devait être embarrassant de puiser dans le tas,

Au matin du jour dont nous parlons, il dut déjeuner avec appétit, l'air était frais. le récit à faire aiguisant.

— Heureuses dispositions ! — L'archevêque de Tours, dès lors, était archevêque de Paris,

Hen, hen ! — sans s'en douter, ce dernier venait de passer ses examens.... avec blanches.

A tout événement d'ailleurs, il pouvait compter sur un vaillant coup d'épaules : Celui du tout gracieux grand Rabbin.

*
* *

Aujourd'hui je distingue bien les raisons qu'a l'archevêque de ne pas tenter l'oraison funèbre.

Mais pourquoi, diantre, a-t-il refusé la Madeleine ?
— Et pourquoi n'a-t-il plus su s'incliner à Notre-Dame ?...

Hen !... hen !...

FIN

Imprimerie et Papeterie Commerciales, Pierre DELHOMME,
rue du Commerce, 44, Tours,

OUVRAGES DU MÊME AUTEUR

Le Suicidé	1 fr.	» »
Processions.	»	50
Nos Campagnes	»	50
Le Manuel de l'Empoigné	1	50
Le Million	1	50
Le Bourgeois	3	50
L'Extermination	1	50
Timor Domini.	»	50
La Question des Libérés.	»	50
Le Dégrossi.	3	50

Imp. et Papeterie P. Delhomme. — Tours.

www.ingramcontent.com/pod-product-compliance
Lightning Source LLC
Chambersburg PA
CBHW061350050726
47595CB00005B/2160